BEI GRIN MACHT SICH
WISSEN BEZAHLT

- Wir veröffentlichen Ihre Hausarbeit,
  Bachelor- und Masterarbeit

- Ihr eigenes eBook und Buch -
  weltweit in allen wichtigen Shops

- Verdienen Sie an jedem Verkauf

Jetzt bei www.GRIN.com hochladen
und kostenlos publizieren

Eliana Briel

Eine Inversion der Geschlechterrollen in "Al fin se paga todo" am Beispiel der poetischen Gerechtigkeit

GRIN Verlag

Bibliografische Information der Deutschen Nationalbibliothek:

Die Deutsche Bibliothek verzeichnet diese Publikation in der Deutschen National-
bibliografie; detaillierte bibliografische Daten sind im Internet über http://dnb.d-
nb.de/ abrufbar.

Dieses Werk sowie alle darin enthaltenen einzelnen Beiträge und Abbildungen
sind urheberrechtlich geschützt. Jede Verwertung, die nicht ausdrücklich vom
Urheberrechtsschutz zugelassen ist, bedarf der vorherigen Zustimmung des Verla-
ges. Das gilt insbesondere für Vervielfältigungen, Bearbeitungen, Übersetzungen,
Mikroverfilmungen, Auswertungen durch Datenbanken und für die Einspeicherung
und Verarbeitung in elektronische Systeme. Alle Rechte, auch die des auszugsweisen
Nachdrucks, der fotomechanischen Wiedergabe (einschließlich Mikrokopie) sowie
der Auswertung durch Datenbanken oder ähnliche Einrichtungen, vorbehalten.

Impressum:

Copyright © 2012 GRIN Verlag GmbH
Druck und Bindung: Books on Demand GmbH, Norderstedt Germany
ISBN: 978-3-656-88167-4

Dieses Buch bei GRIN:

http://www.grin.com/de/e-book/287932/eine-inversion-der-geschlechterrollen-in-
al-fin-se-paga-todo-am-beispiel

GRIN - Your knowledge has value

Der GRIN Verlag publiziert seit 1998 wissenschaftliche Arbeiten von Studenten, Hochschullehrern und anderen Akademikern als eBook und gedrucktes Buch. Die Verlagswebsite www.grin.com ist die ideale Plattform zur Veröffentlichung von Hausarbeiten, Abschlussarbeiten, wissenschaftlichen Aufsätzen, Dissertationen und Fachbüchern.

Besuchen Sie uns im Internet:

http://www.grin.com/

http://www.facebook.com/grincom

http://www.twitter.com/grin_com

Eine Inversion der Geschlechterrollen in *Al fin se paga todo* am Beispiel der poetischen Gerechtigkeit

Inhalt

1. Einleitung...3
2. Poetische Gerechtigkeit 5
3. Die Männer und ihre respektiven ‚Strafen'..7
   3.1. Der galán don Gaspar...7
   3.2. Der traidor don Luis...11
   3.3. Der pobre caballero don Pedro...13
   3.4. Der piadoso salvador don García...14
4. Die zwiespältige Rolle Hipólitas...16
   4.1. Als víctima einer patriarchalen Gesellschaft 17
   4.2. Als luchadora um ihr Schicksal...19
5. Zusammenfassung: Eine Inversion der Geschlechterrollen.......................21
6. Literaturverzeichnis..24

1. Einleitung

Los derechos femeninos fueron sustentados en España por María de Zayas, cuyo mundo es un mundo de sexos en lucha. [...] Y abogando por su género, declara que los argumentos divinos y naturales para justificar la subordinación de la mujer y negación del acceso a la cultura son, en realidad, decretos tiránicos[1].

María de Zayas y Sotomayor (1590-1661/1669) wurde als Verfechterin der Gleichberechtigung der Geschlechter berühmt. In einer Zeit, in der die Unterordnung der Frau als naturgegeben hingenommen wurde, vertrat sie die Ansicht, dass die Gesellschaft die Frauen in ihre Rolle verdammte und sie grundsätzlich dieselben Anlagen wie die Männer besäßen (vgl. *Al que leyere*, NAE S. 159-161).

Über ihr Leben ist wenig bekannt. Einzig gesichert scheint, dass sie in Madrid in eine adlige Familie hineingeboren wurde und das Privileg auf eine exzellente Bildung im Kreise der führenden Köpfe ihrer Zeit genießen konnte[2,3]. Hans Felten beschreibt Zayas als „una aristócrata orgullosa, que observa la decadencia española, lamentándola"[4]. Sie erlangte vor allem aufgrund ihrer beiden Kurzgeschichtenbände *Novelas amorosas y exemplares* (1637) und *Parte segunda del sarao y entretenimiento honesto* (1647) (später als *Desengaños amorosos* bekannt), die sie während der Zeit der spanischen Inquisition schrieb und die die pessimistische Weltsicht des Barocks (*engaño-desegaño*) widerspiegeln (vgl. Cocozzella S. 190), Popularität. Darin rebelliert sie gegen die Diskriminierung und Unterdrückung der Frau und „[...] questions such subjects as [...] sexuality, and the institutions of marriage, justice and honor"[5].

Al fin se paga todo ist die siebte Novelle Zayas' ersten Novellenbandes und wird in der vierten Nacht des *sarao* von Don Miguel erzählt. Seine Absicht ist, die Gruppe zu unterhalten und sie zu erziehen (vgl. Wood). Er leitet seine *maravilla* mit dem Hinweis ein, dass keiner

---

1 De Zayas y Sotomayor, María, „Novelas amorosas y ejemplares", in: ebd., Hg. Julían Olivares, Cátedra, Madrid, 2010, S. 25/39. Im Folgenden wird der Primärtext mit ‚NAE' abgekürzt.
2 Vgl. Cocozzella, Peter, „Writer of the Baroque 'Novela ejemplar.' María de Zayas", *Women Writers of the Seventeenth Century*, Ed. Katharina Wilson and Frank Warnke, Athens: U of Georgia P, 1989, S. 189.
3 Julián Olivares geht davon aus, dass sie, wie viele Frauen ihrer Zeit Autodidaktin war (vgl. NAE S. 12).
4 Felten, Hans, „María de Zayas y Sotomayor", *Siete siglos de autores españoles*, Problemata literaria 7., Kassel: Reichenberger, 1991, S. 169.
5 Wood, Jennifer, *Al fin se paga todo: An Ironic Example of Zayas's Sense of Justice*, Indiana University, Web. 1. Juni 2012, <http://tell.fll.purdue.edu/RLA-Archive/1995/Spanish-html/Wood,Jennifer.htm>.

3

ohne die gerechte Bestrafung seines Übel entkommt, sorge doch immerhin der ‚Himmel' dafür:

> Que nadie haga tanto cuanto pague es cosa averiguada, porque el mal jamás de tener castigo ni el bien premio, pues cuando el mundo no le dé, le da el Cielo. Esto se verá más claro en mi maravilla, la cuál es de esta suerte (NAE S. 411).

Diese Textstelle, wie auch schon der ethische Titel *Al fin se paga todo*[6], lädt die Leser ein, über die *moralidad ejemplar* zu richten, die Frage zu beantworten auf wen er (der Titel) sich bezieht und ob er in der Novelle seine Rechtfertigung findet.

Die Figurenkonstellation zentriert sich sowohl auf die aktive Rolle Hipólitas, die als Binnenerzählerin auftritt, als auch auf don García als ihr Dialogpartner. Es findet somit eine Verdopplung der Erzählstruktur statt, in der die Protagonistin, einer Autobiographie gleich, ihre tragikomische[7] Geschichte erzählt (vgl. NAE S. 57). Die schöne Hipólita ist seit acht Jahren mit dem wohlhabenden Gentleman don Pedro verheiratet und versucht vergeblich eine Affäre mit dem Soldaten don Gaspar zu beginnen. Gleichzeitig wird sie von ihrem Schwager don Luis bedrängt, der sie durch eine List vergewaltigt. Daraufhin nimmt sie die Wiederherstellung ihrer Ehre selbst in die Hand und erdolcht ihn. Nach kleineren Dramen, Verwirrspielen und dem Tod ihres Ehemannes, der wegen ihres Klosterbeitritts aus Einsamkeit verstorben war, heiratet Hipólita letztendlich ihren Retter don García.

Gemäß Hans Felten wird „[…] im ersten Teil eine Geschichte, die vom Kampf des weiblichen Ingeniums mit dem Zufall, der sich der Liebe entgegenstellt, erzählt und im zweiten Teil eine amor-honra Geschichte nebst happy-end"[8]. Eine der viel beachteten Besonderheiten der Novelle ist die Tatsache, dass eine Frau aus ihrer von der Gesellschaft zugewiesenen passiven Rolle ausbricht und ihr Leben, ihre Liebe und ihr Schicksal selbst in die Hand nimmt[9]. Auch an den einseitig verteilten Strafen, die die Männer hart treffen, die Protagonistin aber gut davonkommen lassen, wird Zayas' Intention einer Umwertung des klassischen Frauenbildes deutlich.

---

6 Der Titel legt die Vermutung nahe, dass letztendlich alle für ihre Taten büßen müssen und die Gerechtigkeit triumphieren wird.
7 *Al fin se paga todo* beinhaltet Elemente aus dem Ehrendrama und der Schwanknovelle.
8 Felten, Hans, *María de Zayas y Sotomayor - Zum Zusammenhang zwischen moralischen Texten und Novellenliteratur*, Vittoria Klostermann GmbH, Frankfurt am Main, 1978, S. 97.
9 Laut Jennifer Wood folgt die Novelle „a standard procedure, but inverts the protagonists by having a woman defend her own honor instead of a dual between the men" (Wood).

Das Ziel dieser Arbeit ist es, die Inversion der Geschlechterrollen in *Al fin se paga* herauszuarbeiten. Dazu soll die Doktrin der poetischen Gerechtigkeit, „Auge um Auge, Zahn um Zahn", definiert werden, um den ethischen Titel der Novelle mit den jeweiligen unterschiedlichen Strafen bzw. Belohnungen der Charaktere gegenüberstellen zu können. Im Folgenden werden zunächst die männlichen Charaktere, im Anschluss daran Hipólita auf die Frage hin untersucht, inwieweit die poetische Gerechtigkeit jeweils greift. In einem letzten Kapitel sollen die wichtigsten Sachverhalte zusammengefasst werden, um so zu dem Fazit, inwiefern die Novelle mit zweierlei Maß misst, zu gelangen.

2. Poetiache Gerechtigkeit [10]

Zunächst soll das Konzept der poetischen Gerechtigkeit definiert werden. Allgemein lässt sich sagen, dass eine große Bedeutungsunschärfe des Begriffes vorliegt, da er fast nur in der Periode des Klassizismus (1770-1840) zur Kenntnis genommen wurde. Umso erstaunlicher ist, dass sie im 21. Jahrhundert ganz selbstverständlich thematisiert wird (vgl. Zach S. 14).

Es herrscht Einigkeit darüber, dass der englische Historiograph Thomas Rymer das Konzept der ‚poetic justice' oder ‚poetical justice' in seinem Werk *The Tragedies of the Last Age* (1677) prägte. Eine der Hauptquellen Rymers war *La Poëtique* (1636) von Jules de la Mesnardière, in der die Termini ‚iustice du Poëme' und ‚iustice du Théâtre' eingeführt wurden. Poetische Gerechtigkeit bezeichnet eine Art „ideale" oder „perfekte" Gerechtigkeit, in der der Dichter als Richter agiert: „Die Bösen werden bestraft, die Guten werden belohnt"[11], oder anders ausgedrückt: „Die gerechte Bestrafung des Lasters und Belohnung der Tugend" (Zach S. 27). Alexander Parker betont dabei, dass die Strafe weder zu mild, noch zu hoch ausfallen dürfe, sondern an die Art und Weise der begangenen Straftat angeglichen werden solle (vgl. Wood). Wenn beispielsweise ein Dieb selbst bestohlen wird, spricht man von poetischer Gerechtigkeit[12].

Diese Vorstellung der *communis opinio* war bereits in der Antike fest verankert. Es wurde zwischen dem moralisch-didaktischen- (Plato), dem weltanschaulich-religiösen- und dem

---

10 Vgl. Zach, Wolfgang, *Poetic Justice*, Max Niemeyer Verlag Tübingen, 1986.
11 Segebrecht, Wulf, „Gerhardt Hauptmann und die ‚Poetische Gerechtigkeit'", in: *Grenzfrevel Rechtskultur und literarische Kultur*, Hrsg. Hans-Albrecht Koch, Gabriella Rovagnati und Bern H. Oppermann, Bouvier, 1998, S. 70.
12 Wulf Segebrecht benennt weitere Musterbeispiele: „[die] bestraften Lasterbuben im satirischen Lustspiel und die belohnten Tugendbolde beiderlei Geschlechts in der rührenden Komödie" S. 70.

ästhetisch-kulinarischen- (Aristoteles) Aspekt der Doktrin unterschieden : Anfänglich sprach Plato von der „Darstellung des Glücks der Tugend und des Unglücks des Lasters" (Zach S. 108). Er betont somit den moralisch-didaktischen Aspekt der Doktrin, der davon ausgeht, dass die Zuschauer bzw. die Leser durch das moralische Beispiel der fiktionalen Charaktere, die für ihr Verhalten entweder belohnt oder bestraft werden, selbst gewisse Handlungs- und Wertnormen übernimmt oder lernt diese zu unterdrücken (vgl. Zach S. 108). Aristoteles lehnte die moralische Bedeutung des Konzepts ab, da es der tragischen Wirkung Abbruch täte und das Wunschdenken des Publikums befriedigte. Die weltanschaulich-religiöse Perspektive gründet in der Idee, dass die Erfahrungsrealität nur scheinbar ungerecht ist und es eine „eigentliche", „höhere" Wirklichkeit gibt, die vom Dichter dargestellt werden sollte. In ihr herrsche eine perfekte Ordnung, weswegen „das Gute über das Böse triumphieren wird" (Zach S. 108). Aristoteles legte sich schließlich auf die ästhetisch-kulinarische Dimension poetischer Gerechtigkeit fest, also auf „de[n] Genuss des Publikums an poetisch gerechten Schlusslösungen in fiktionalen Texten jedweder Gattung" (Zach S. 108).

Im 16. und 17. Jahrhundert verschmolzen schließlich platonische, aristotelische und horazische Strömungen mit biblisch-christlichem Gedankengut und traten in Verbindung mit dem immer dominanter auftretenden Rationalismus (vgl. Zach S. 109). Aufgrund Thomas Rymers viel beachteten Traktates über die Tragödie, fand der Terminus der ‚poetic justice' vermehrt Anklang, was zu einer Dogmatisierung in der Poetik führte (vgl. Zach S. 109) [13].

In der Tragödie der Frühen Neuzeit wurde poetische Gerechtigkeit häufig beachtet und breitete sich Ende des 17. Jahrhunderts über die Epos, die Komödie und den Roman auf alle anderen Gattungen aus (vgl. Zach S. 26). Maßstab setzende Instanzen waren zum Beispiel die Justitia, die christliche Morallehre oder die göttliche Gerechtigkeit (vgl. Segebrecht 70) [14]. Trotz des Siegeszuges der Doktrin, hatte sie immer auch mit Kritik zu kämpfen. Bereits die Romantiker mokierten sich über die angeblich schematische Vorschrift der poetischen Gerechtigkeit; im 19. Jahrhundert sprach man schließlich von „einer lächerlichen Gebrauchsanweisung für wohlanständige, aber unkreative Schriftsteller" (Segebrecht S. 71).

---

13 Zur Zeit des 17. Jahrhundert fungierten ‚stage discipline' und ‚dramatic justice' als Synonyme (vgl. Zach S. 25).
14 Segebrecht gibt zu bedenken, dass die Grenzen verschwimmen, also dass es sich als schwierig erweist, zwischen „den nicht poetischen und den poetischen Erscheinungsformen der Gerechtigkeit" (Segebrecht S. 70) zu unterscheiden.

Neben den bereits erwähnten Bedeutungen, kann der Begriff ‚poetische Gerechtigkeit' auch „ironische Gerechtigkeit (z.b. wenn sich ein Schurke in seiner eigenen Falle fängt)" (Zach S. 107) bezeichnen. Diese Form wurde von Aristoteles als besonders poetisch bewertet.

Im Allgemeinen kann man postulieren, dass sich ‚poetic justice' meistens auf die Literatur beschränkt, aber auch von der Realität inspiriert sein kann. Im Gegensatz zu letzterer beschreibt die Literatur jedoch eine ideale moralische Gerechtigkeit, also eine ausgeglichene Verteilung von Lohn und Strafe.

Aufgrund der polysemischen Vagheit des Terminus, wurde er oftmals kritisiert. Bereits Thomas Rymer schrieb von verschiedenen Bedeutungsnuancen : „(a) ‚ausgezirkelt gerechte Strafe', (b) ‚ironisch angemessene Bestrafung', (c) ‚strengere Bestrafung, als das Vergehen verdient'" (Zach S. 30). Die Doktrin der poetischen Gerechtigkeit konkurriert außerdem mit der des Happy-Ends, in der alle Charaktere, demnach auch die lasterhaften sowie antagonistischen, gut wegkommen (vgl. Zach S. 112):

> Wir [...] können zusammenfassend festhalten, daß dieser Begriff [der poetischen Gerechtigkeit] offenbar auf fiktionale und auch auf reale Ereignisse bezogen werden kann, distributiv als Lohn und Strafe oder auch nur strafend verstanden wird und sich zwar in erster Linie auf die Tatsache der gerechten Bestrafung des Bösen (und Belohnung des Guten) beziehen läßt, daneben aber auch auf die Art ihrer ironischen und – selten – auch kausalen Verknüpfung. (Zach S. 28f)

3. Die Männer und ihre reapektiven ‚Strafen'

3.1. Der galán don Gaspar

Der Erzähler Don Miguel betont in den abschließenden Worten seiner *maravilla*, dass don Gaspar mit seinem gewaltsamen Tod seine verdiente Strafe im Sinne einer göttlichen Gerechtigkeit erhalten hat: „Por donde se vino a conocer que el cielo dio a don Gaspar el merecido castigo, por la mano de su mismo criado, que era este que se castigaba" (NAE S. 444).

Die tragische Geschichte des portugiesischen Soldaten Don Gaspar beginnt damit, dass er nach Valladolid, an den Hof von Felipe II., kommt, um eine Belohnung für seine zahlreichen Kriegsdienste zu erhalten. Nachdem er unter anderem in Flandern kämpfte, bemüht sich don

Gaspar in einem zeitaufwendigen Verfahren um die Würdigung seines Einsatzes[15]. Währenddessen vertreibt er sich die Zeit mit Glücksspielen und damit, der verheirateten Hipólita nachzustellen. Bereits bei der ersten gemeinsamen Begegnung in der Kirche lässt er sie wissen, dass sie ihm die Seele geraubt hat. Dies stößt bei ihr auf Anklang: „[…] viendóme un día en Nuestra Señora da San Llorente, dijo que cautivé su alma [...] él me robó la voluntad, la opinión y el sosiego" (NAE S. 419). Die „Turteltauben" beschließen sich heimlich zu treffen, um so den Ehebruch sexuell zu vollziehen. Allerdings entwickelt don Gaspar nach seiner anfänglichen Schwärmerei, im Laufe eines Jahres und vier missglückter Treffen, ein zunehmend schlechtes Bild von Hipólita. Bereits bei der Schilderung des ersten Treffens wird sie als „mujer fácil" (NAE S. 424) betitelt:

> [...] llegase a la puerta y la hallase cerrada, cosa tan fuera de nuestro concierto, concibiendo de esta acción pesados y locos celos, no pudiendo pensar qué fuese la ocasión que le estorbara su entrada, sino otra ocupación amorosa (siendo una mujer fácil, hasta con los mismos que la solicitan su facilidad se hace sospechosa) [...] (NAE S. 424).

Don Gaspar erliegt dem Irrglauben, dass Hipólita ihn betrügt, da er bei ihr zu Hause alle Türen verschlossen vorfindet. Doch sie musste alle Zugänge verriegeln, weil ihr Gatte don Pedro unerwartet früher von der Jagd zurückgekehrt war. Es ist davon auszugehen, dass die Diffamierung Hipólitas eine Bemerkung des Erzählers Don Miguel ist, da sie in Klammern steht. Schließlich erzählt Hipólita in diesem Augenblick ihr Erlebtes Don García, weswegen ausgeschlossen werden kann, dass sie sich selbst vor ihrem Retter als *mujer fácil* bezeichnet. Don Gaspar verschafft sich im Folgenden, angetrieben durch Eifersucht, Zutritt zu ihrem Schlafzimmer, um den vermeintlichen Liebhaber, der sich aber als don Pedro herausstellt, zu erdolchen (vgl. NAE S. 425). Die Erkenntnis seiner Fehlinterpretation könnte als schwankhafte Bestrafung seiner verbotenen Avancen angesehen werden.

Auch die nächsten zwei Treffen können als ironische Gerechtigkeit[16] interpretiert werden. Bei der zweiten Verabredung versteckt sich don Gaspar im Haus, weil dieses aber Feuer fängt, muss er flüchten, was ihn nicht davon abhält sich selbst zu bemitleiden und abermals „un papel con mil tiernas quejas" (NAE S. 428) zu schreiben. Der dritte Versuch missglückt, da don Gaspar in einem Fensterrahmen stecken bleibt und aus ihm herausgeschnitten werden

---

15 „[…] deseoso de alcanzar el premio de muchos servicios que había hecho a su rey en Flandes y otras partes" NAE S. 418.
16 Vgl. Punkt 2 zur ‚Poetische[n] Gerechtigkeit'.

muss (vgl. NAE S. 429)[17]. Das letzte Treffen endet tragisch, da Hipólita don Gaspar in ihrer Not, wegen des nahenden Ehemanns, in einer Truhe versteckt, ihn später tot glaubt und deswegen ihren Schwager um Hilfe bittet. Dieser nötigt don Gaspar nach seinem Erwachen das Versprechen ab sich Hipólita nie wieder anzunähern. Völlig außer sich informiert don Gaspar Hipólitas Magd, dass er jeglichen Kontakt abbrechen möchte, da er es nicht einmal erträgt ihren Namen zu hören: „Y vistiéndose se fue determinado a no verme jamás, [...] mi nombre a sus oídos la cosa más aborrecible que tuvo, como sabréis en lo que falta de este discurso" (NAE S. 432)[18].

Als Hipólita nach dem Mord an ihrem Schwager bei ihm Zuflucht sucht, beschuldigt er sie, eine hinterhältige Verräterin zu sein („Ay traidora liviana", NAE S. 440). Außerdem befürchtet er, ihr ebenfalls zum Opfer zu fallen („ahora que te has hartado de él [...] quieres que yo también acabe por tu causa", NAE S. 440f) und vergleicht sie in seiner Rage mit negativ konnotierten Frauengestalten aus der griechischen bzw. römischen Mythologie: „[...] Lamia[19] lasciva y adúltera Flora[20], cruel y desleal Pandora[21] [...]" (NAE S. 440). Hipólita weist Parallelen mit diesen Frauen auf, da sie die Männer ebenso mit ihrer Schönheit verführt

---

17 Vgl. Williamsen, Amy R., „Challenging the Code: Honor in María de Zayas", in: *María de Zayas- The Dynamics of Discourse*, Hrsg. A.R. Williamsen und Judith A. Whitenack, Fairleigh University Press, Madison, 1995, S.163: Laut Amy Williamsen, steht das Haus und damit auch das Fenster symbolisch für die Architektur des Patriarchismus, die offensichtlich nicht nur Frauen, sondern auch Männer einschränkt (vgl. „[...] rigid imposition of the patriarchal order also restricts men", S. 163).

18 Don Gaspar bezeichnet Hipólita als verräterische und undankbare Frau, deren Lügen und Betrügereien er abstoßend findet: „[...] ya bastaban mis enredos y engaños y sus desdichas [...] concluyendo con decirle que me dijese que mujer tan ingrata y traidora como yo hiciese cuenta que en su vida le había visto, que bien echaba de ver que había sido traza mía está y las demás para traerle al fin que pudiera tener, a no dolerse el cielo de su miseria", NAE S. 432f.

19 Die ‚laszive' Lamia war die Tochter des Gottes Poseidon, die später die Königin von Libyen und die Geliebte Zeus' wurde. Sie zeugte einen Sohn mit ihm, den Hera, als sie davon erfuhr, tötete. Aus Trauer und Zorn über den Verlust ihres Kindes wurde Lamia verrückt, verwandelte ihr Haupt in ein Schlangenhaupt und begann andere Kinder kannibalisch umzubringen. Passenderweise könnte sich der Name Lamia auch auf ein weibliches Monster beziehen, das Kinder stahl und von den Hausfrauen genutzt wurde um diese [die Kinder] zu erschrecken, vgl. NAE S. 553.

20 Flora hat ebenfalls mehrere Namensvetter. Sie könnte sich auf die römische Göttin der Blüte beziehen. Da jedoch von der ‚ehebrecherischen' Flora gesprochen wird, ist es wahrscheinlicher, dass damit die Geliebte Pompeius Magnus, eine römische Kursane, gemeint ist, die von dessen Freund, auf Anraten Pompeius', vergewaltigt wurde. Auch Boccaccio erwähnt in seinem Werk *De Claris Mulieribus* eine römische Prostituirte namens Flora, die unter anderem aufgrund ihrer Schönheit reich wurde, vgl. NAE S. 551.

21 Pandora bezieht sich auf die erste Frau auf Erden in der griechischen Mythologie. Ähnlich wie Eva, die von der verbotenen Frucht isst und damit die Vertreibung aus dem Paradies einläutet, öffnet Pandora die Büchse des Zeus' und lässt die darin aufbewahrten Plagen in die Welt. Damit besiegelt sie das Ende des goldenen Zeitalters. Bevor auch noch die Hoffnung entweichen kann, schließt sie die Büchse, vgl. NAE S. 555.

(Flora), ehebrecherisch ist (Lamia, Flora), vergewaltigt wird (Flora) und sich rächt (Lamia, Flora, Pandora).

Im Folgenden schlägt er sie brutal zusammen[22], stiehlt ihre Juwelen und wirft sie auf die Straße mit den Worten, dass er sie nicht umbringe um sein Schwert nicht mit ihrem gemeinen und undankbaren Blut zu beflecken: „Y viéndome el traidor así, abrió la puerta y me arrojó en la calle, dieciendo que no me acababa de matar por no ensuciar su espada en mi vil e ingrata sangre [...]" (NAE S. 441). Auf der Flucht nach Lissabon wird don Gaspar von seinem Diener getötet, nachdem dieser seinen (eigentlich Hipólitas) Schmuck gestohlen hatte. Dafür wird der habgierige Diener erhängt.

In diesem Zusammenhang wiederholt don Miguel den Titel *Al fin se paga todo* und bringt somit die Bestrafung don Gaspars mit der wiederhergestellten Gerechtigkeit in Verbindung (vgl. Felten 1978, S. 97). Marina S. Brownlee kritisiert die Art und Weise, wie don Gaspar von seinem raffgierigen Diener in einer willkürlichen Nebenhandlung ermordet wird, die nichts mit seinem ehebrecherischen Verhalten oder der verübten Gewalt an Hipólita gemein habe[23]. Über die Frage, ob seine Strafe, ein feiger Mord, angemessen bzw. gerecht ist, lässt sich diskutieren. Sicher ist, dass sie als strenge Strafe bewertet werden kann.

Letztendlich hat sich don Gaspar auf dreierlei Weise schuldig gemacht: Erstens hat er den festen Willen, den Ehebruch mit Hipólita zu vollziehen. So weit kommt es zwar nicht, aber strenggenommen markieren ein Kuss beim ersten[24] und eine Umarmung beim vierten Treffen[25] die Affäre. Somit wurde Don Pedros Ehre eindeutig beschädigt. Zweitens wendet er auf brutale Weise Gewalt an einer hilflosen Frau an und macht sich drittens des Diebstahls schuldig.

---

22 „[...] me desnudó [...] y con al pretina me puso como veis [...] hasta que ya de atormentada, caí en el suelo y tragándome mis propios gemidos por no ser descubierto [...]", NAE S. 441.
23 Brownlee, Marina S., *The Cultural Labyrinth of María de Zayas*, University of Pennsylvania Press, Philadelphia, 2000, S. 57.
24 „Yo conociendo su temeridad en tal caso, le pedí por señas que se fuese, lo cual hizo viendo mi temor, llevando en prendas con mis brazos las flores de mis labios, fruto diferente del que él pensó coger aquella noche", NAE S. 425.
25 „[...] y entrando donde estaba le recibí con los brazos siendo éste el segundo favor que en el discurso de un año que nos duró este entretenimiento le di, porque el que alcanzó la noche que quiso matar a mi esposo fue el primero", NAE S. 429.

3.2. Der traidor don Luis

Don Luis spielt eine ambivalente Rolle in der Novelle: Einerseits gesteht er Hipólita wieder und wieder seine Liebe, andererseits hält diese ihn nicht davon ab, sich an seiner Angebeteten zu rächen, als sie ihn zurückweist. Wie ein petrarkistischer Liebender oszilliert er in seiner Verliebtheit zwischen Hoffnung und Verzweiflung. An seinem Verhalten wird deutlich, dass er Hipólita nicht um der Liebe willen liebt, sondern ihre *belleza* besitzen möchte. Schließlich vergewaltigt er die Protagonistin und muss dafür mit der Ehrenrache büßen.

Aufgrund der Tradition, den ältesten Sohn der Familie zuerst zu verheiraten, wird Hipólita mit don Luis' Bruder vermählt, obwohl don Luis grenzenlos in sie verliebt ist („quedando don Luis, que era menor y debía de ser el que me amaba más", NAE S. 417) Auch nach der Eheschließung mit don Pedro macht er seiner Schwägerin eindeutige Avancen und bedrängt sie sich ihm hinzugeben:

> […] me enseñaba a quererle [don Pedro] en las importunaciones de mi cuñado [don Luis], que aún no tuvieron fin con verme casada con su hermano; el cual me quería, las veces que hallaba ocasión me lo decía (NAE S. 417f).

Hipólita wehrt ihn ab und versucht ihn mit allen Mitteln anderweitig zu verheiraten. Don Luis hofiert sie jedoch ungeniert weiter[26]: „[…] en ocasiones que pudo, casándose, apartarse de este amor, no lo hizo, aunque le ofrecí una prima mía más rica y más hermosa que yo" (NAE S. 428). Als Hipólita sich ihm in ihrer Not wegen des angeblich toten don Gaspar anvertraut (vgl. NAE S. 431), nutzt er die Situation eiskalt aus und erpresst sie mit Hilfe des des Wissens über ihre Affäre:

> Y viéndome perseguida de don Luis [...] empezó a atreverse a decirme su voluntad sin rebozo, pidiendo, sin respeto a Dios y de su hermano, el premio de su amor [...], y diciendo como había abierto las puertas de mi voluntad a otro hombre, en ofensa de mi esposo y agravio de mi honor, lo podía hacer para él, y que de no hacerlo, él diría a su hermano lo que sabía de mí (NAE S. 433).

Hipólita macht ihren Dialogpartner don García darauf aufmerksam, dass don Luis schon mit seinem verbotenen Verlangen nicht nur seinen Bruder hintergeht und dessen Ehre befleckt, sondern auch die ihrige. Nach ihrer abermaligen Zurückweisung spinnt er den Plan, sie heimlich zu verführen. Er lässt die Pferde seines Bruders frei, der sich gezwungen sieht, sie

---

26 „Con lo cual don Luis, unas veces triste y otras alegre, y siempre amante y celebrador de mi belleza, pasó todo este tiempo sustentando su vida con sólo mi vista, trato y conversación; que por ser las casas juntas, era[n] muy ordinarias sus visitas, [y] crecía a cada paso su amor con ellas", NAE S. 418.

wieder einzufangen[27]. Währenddessen gibt er vor, don Pedro zu sein („fingiendo ser mi esposo", NAE S. 437.) und erschleicht sich, von Hipólita unbemerkt, den gemeinsamen Beischlaf („llegándose a mí con muchos amores y ternezas [...] gozó todo cuanto deseaba", NAE S. 437). Dieser heimliche Ehebruch kann als schwankhaft angesehen werden, da Hipólita während des Aktes der festen Überzeugung ist, mit ihrem Ehemann zu schlafen. Dessen ungeachtet begeht don Luis eine eklatante Ehrverletzung gegenüber seinem Bruder, seiner Schwägerin und der heiligen Institution der Ehe („deshonrando su hermano, agraviéndome a mí y ofendiendo al cielo", NAE S. 437).

Don Luis wäre ungeschoren davon gekommen, wenn ihm nicht sein eigenes neckisches Gemüt zum Verhängnis geworden wäre. Bei der Sonntagsmesse weiht er Hipólita in sein Vergehen ein, weil er seinen Stolz und seine Schadenfreude über die List nicht zurückhalten kann:

> [...] como el contento no le cabía en el cuerpo, o por mejor decir, su traición misma disponía los instrumentos de mi venganza, [...] me dijo paso, y con mucha risa: - Jesús, señor, ¿y cómo venís tan helado? Con cuya palabra acabé de caer en la cuenta de todo (NAE S. 438).

Don Luis benutzt dieselben Worte die Hipólita während der Vergewaltigung ausrief, weswegen sie der Wahrheit ins Auge blicken muss. Vermutlich offenbart er sich Hipólita in der Hoffnung, endlich von ihr erhört zu werden. Sie ist jedoch außer sich vor Wut, ergreift daraufhin die Initiative und erdolcht ihn, um ihre befleckte Ehre wieder herzustellen („mi venganza", NAE S. 438f). Ironischerweise droht don Luis zuvor, sich an don Gaspar zu rächen, falls dieser Hipólita weiter nachstelle:

> Pues os juro por esta cruz [...] que el día que supiere que volvéis a las pretensions pasadas o pasáis por su calle, he de hacer la venganza que ahora dejo de hacer, por haberse una miserable y loca mujer fiado de mí, y estar enterado de que la ofensa de mi hermano no se ha ejecutado, si bien los deseos eran merecedores del castigo" (NAE S. 432).

Don Luis klagt also seinen Nebenbuhler für die Vergehen an, die er selbst begehen wird und schlägt bereits die angemessene Rache vor, die ihm Hipólita nach seiner Vergewaltigung zufügt. Aus Sicht des Ehrenkodexes wird don Luis' intrigante Tat gerecht sanktioniert, da er seines Bruders Ehre befleckt hat und deswegen einzig der Tod auf sein Vergehen stehen

---

27 Jennifer Wood verweist auf die sexuelle Metapher der durchgehenden Pferde, die gemeinhin für ungezügelte Leidenschaft steht: „Also, Zayas creates a tragicomic scene of mayhem and mistaken identities by exploiting a sexual methaphor: The jealous brother lets loose some horses in order to create a distraction so that he can seduce Hipólita while the husband is chasing them" (Wood).

kann[28]. Der ethische Titel der Novelle trifft bei ihm zu und auch die Frage nach der poetischen Gerechtigkeit kann bejaht werden.

3.3. Der pobre caballero don Pedro

Don Pedro ist der perfekte Ehemann, der sich nichts zu Schulden kommen lässt. Trotzdem wird ihm übel mitgespielt, weswegen er aus Kummer und Einsamkeit stirbt. Ihm wird eindeutig die Opferrolle der Novelle auferlegt. Dies wird bereits an Don Miguels Erzählerkommentar „al pobre caballero" (NAE S. 442) deutlich. Seine Ehefrau plant eine Affäre, sein Bruder vergewaltigt selbige, sie wiederum bezichtigt ihn (don Pedro) indirekt des Mordes und trägt letztendlich zu seinem einsamen Tode[29] bei, da sie das Kloster einer Rückkehr zu ihm vorzieht.

Da don Pedro, wie don Gaspar, keine eigene Stimme in der Novelle hat[30] muss sich der Leser auf Hipólita berufen, die ihn als fürsorglichen („[…] acostar a mi esposo, harto desconsolado de verme indispuesta", NAE S. 427), gutmütigen Gatten beschreibt, der sie mit „caricias y regalos" (NAE S. 417) überhäuft. Er scheint seine Frau aufrichtig zu lieben („fuerza de su amor", NAE S. 423), zu schätzen („me estimaba", NAE S. 417) und verhält sich auch sonst als ehrbarer Gentleman („aunque no era celoso era honrado", NAE S. 419). Einzig die Tasache, dass er als ältester Sohn geboren wird und mit einer Frau verheiratet wird, die ihn nicht liebt, lässt ihn unschuldig zum Spielball aller werden[31]: „[...] de todas estas cosas estaba [...] tan inocente" (NAE S. 442). Besonders seine Frau und sein Bruder betrügen ihn und nutzen ihn aus. Als sich Hipólita in don Gaspar verliebt, denkt sie, dass sie diese ‚wahre' Liebe dazu berechtigt fremdzugehen. Die darauffolgenden heimlichen Verabredungen beschwören das Unglück des don Pedro hervor. Er verhindert unwissentlich die Affäre seiner Frau mit don Gaspar, aufgrund seiner stets zu frühen Rückkehr (vgl. NAE S. 423ff). Eines Tages wird don Pedro, für ihn völlig unerwartet, des Mordes angeklagt, da Hipólita die

---

28 Die Tatsache, dass Hipólita und nicht ihr Ehemann, wie man es erwarten sollte, aktiv ihre Ehre wiederherstellt wird unter Punkt 4, ‚Die zwiespältige Rolle Hipólitas', genauer untersucht.

29 „Este disgusto trajo […] tanta tristeza que, sobreviviéndole una grave enfermedad, antes de un año murió [...]", NAE S. 444.

30 Jennifer Wood argumentiert, dass don Pedro und don Gaspar im Stück entweder abwesend sind oder als oberflächlich charakterisiert werden: „The husband and the lover […] do not seem to have any voice and are portrayed as being either absent or superficial" (Wood).

31 Selbst don García trägt indirekt zu seinem Unglück bei, da er Hipólita während ihrer Zeit im Kloster hofiert und an ihrem Beitritt seinen Anteil trägt (vgl. Brownlee S. 57f).

13

Erdolchung don Luis' mit seinem Degen ausgeführt hat und diesen danach nicht versteckte[32].
Als die Polizei am Ort des Verbrechens eintrifft, ist sie sich sicher, dass er seinen Bruder
getötet hat und auch die Angestellten bestätigen diesen Verdacht. Infolgedessen wird er
inhaftiert:

> [...] vio sacar a don Pedro, que le llevaban preso a título de matador de su hermano, cuyos
> indicios confirmaba la puerta que se halló en el desván, la daga que estaba dentro de la vaina
> llena de sangre, y el decir las criadas que su señora era amada de don Luis [...] (NAE S. 441f).

Dem Ehrenkodex folgend, hätte sich don Pedro an seinem Bruder rächen müssen. Die
Tatsache, dass er eben für diese Tat angeklagt wird, kann als ironisch, ja tragisch bewertet
werden, da ihm keine Gelegenheit gegeben wird, seine eigene Ehre wiederherzustellen. Umso
unerwarteter ist seine Reaktion, als er von der Wahrheit erfährt und trotzdem seine Frau
zurückgewinnen möchte. An dieser Stelle wird deutlich, dass es ihm in erster Linie wohl
darum geht, die außergewöhnliche Schönheit seiner Frau nicht zu verlieren.

Don Pedro erfährt in *Al fin se paga todo* keine Gerechtigkeit, da er niemals entschädigt
wird und einen einsamen Tod findet. Er scheint in die passive Rolle als Unterdrückter
verdammt zu sein, während Hipólita ihr Schicksal selbst in die Hand nimmt.

3.4. Der piadoso salvador don García

Don García nimmt eine Sonderstellung in der Novelle ein da er als einziger Mann nicht
bestraft wird: Don Luis und don Gaspar büßen für ihre Vergehen und don Pedro wird
ausgenutzt. Seine Geschichte endet nicht mit einem Mord, beziehungsweise einem vorzeitigen
Tod, sondern mit einem ‚Happy End à la Hollywood': Er heiratet die Dame seines Herzens,
wird reich und lebt mit vielen Nachkommen glücklich bis an sein Lebensende.

Don García wird als ein verarmter, adliger Ritter[33] aus Madrid, ein „gallant passerby"
(Williamsen S. 141), vorgestellt, der zur richtigen Zeit am richtigen Ort ist. Nachdem Hipólita
von don Gaspar auf die Straße geworfen wurde, rettet er sie, nimmt sie in seiner Herberge

---

32 „[...] no mirando si por esto le puede venir a mi inocente esposo algún daño [...] puse la daga en vaina, sin
limpiarle la sangre ni mirar el desacierto que hacía [...]", NAE S. 439.
33 „[...] aunque tenía una moderada pasadía, no era bastante a suplir las faltas, que siendo tan noble era fuerza
tuviese", NAE S. 444.

auf[34] und versorgt sie mit Nahrung sowie tröstenden Worten (vgl. Brownlee S. 57f). Innerhalb der Novelle fungiert er als Hipólitas Dialogpartner und beschreibt sie idealisierend als ihr zukünftiger (zweiter) Ehemann (vgl. Wood). Für don García ist es Liebe auf den ersten Blick („no era mujer, sino ángel, tanto era su belleza y la honestidad y compostura de su rostro", NAE S. 415). Allerdings erweckt er den Eindruck, als begehre er sie ebenfalls aufgrund ihrer Schönheit („su divina hermosura" NAE S. 416 - „enamorado de su belleza", NAE S. 441). Diese scheint ihn hinsichtlich ihrem ehebrecherisches Verhalten und ihrer *desgracia* blind zu machen (vgl. Wood). Sein ‚Mitgefühl' ist derart ausgeprägt, dass er sogar das Bedürfnis hat, sich für Hipólita an don Gaspar zu rächen. Letzterer hat sich jedoch schon mit Hipólitas Schmuck davongestohlen: „Lleno de compasión el noble don García de ver tal espectáculo, y encendido en cólera, con intento de castigar la bajeza de don Gaspar [...]" (NAE S. 442)[35].

Einzig an zwei Textstellen stellt sich im Hinblick auf den Titel *Al fin se paga todo*, die Frage, ob don García sein perfektes Ende (Heirat, Vermögen, Kinder)[36] verdient hat. Beim Kennenlernen wünscht er sich ihr *Tarquino* zu sein: „[...] casi se atreviera a ser Tarquino de tan divina Lucrecia; mas favoreciendo don García más a su nobleza que a su amor, a su recato que a su deseo, y a la razón más que a su apetito" (NAE S. 415). Dieser intertextuelle Vergleich scheint in Bezug auf don García unpassend, weil Lucrecia in der römischen Geschichtsschreibung von ihrem Verwandten Sextus Tarquinius vergewaltigt wurde, gleichzeitig kann es aber als Vorausdeutung für don Luis' späteres Vergehen an seiner Schwägerin gesehen werden. Collatinus, Lucrecias Ehemann, war der Enkel des Großonkels des Sextus und somit ein entfernter Verwandter des Täters. Wie don Luis, kann Sextus Tarquinius, der Sohn des römischen Königs Tarquinius, der Schönheit Lucrecias nicht widerstehen. Aufgrund des Verlustes ihrer Keuschheit, beging Lucrecia schließlich Selbstmord[37]. Als das Volk von diesem Skandal erfuhr, erhob es sich gegen den König und gründete, 510 v. Chr., die Republik (vgl. NAE S. 553).

---

34 „Ayudóla don García, cargándose el lastimado cuerpo sobre sus piadosos brazos, y animándola cuanto pudo la llevó hasta sacarla de aquella calle", NAE S. 414 - „[...] procuró con muchas caricias el reposo de aquella hermosísima señora", NAE S. 415.
35 Eine weitere Textstelle, die don Gaspars Verlangen Hipólita beizustehen, demonstriert ist die Folgende: „[...] yo te prometo que no se quede sin castigo, pues el cielo tiene cargas de tus venganzas, como hizo la de don Luis", NAE S. 441.
36 „[...] se casó con él [...] agradecido al cielo, y querido de su hermosa Hipólita, vive hoy con hijos que han confirmado su voluntad y extendido su generosa nobleza", NAE S. 444.
37 Im Unterschied zu Lucrecia, repräsentiert Hipólita nicht die eheliche Keuschheit und Treue. Außerdem wählt Hipólita nicht den Freitod, sondern sie stellt durch den Mord an don Luis ihre Ehre wieder her.

Don García ist so liebestrunken, dass er die Vergewaltigung Hipólitas ‚fast' nachvollziehen kann und scheint dabei zu übersehen, dass sie nicht ganz unschuldig daran war[38]: „[...] por eso, y más por su amor, que le tenía tan loco que no se atrevía a fiarse de sí mismo, tanto que casi disculpaba a don Luis de su yerro [...]" (NAE S. 442) Er gibt zu, dass er sich selbst misstraut und möchte damit vielleicht seine unkeuschen Gedankenspiele entschuldigen, die aber jeweils durch den Terminus *casi* relativiert werden. Diese Infragestellung seiner Darstellung als liebevollen, fürsorglichen, barmherzigen Retter scheint nicht sehr ernst gemeint zu sein und trotzdem verliert er an Glaubwürdigkeit, wenn er Hipólita trotz ihres Hanges zum Fremdgehen und ihrer brutaler Seite ehelicht[39]. Marina S. Brownlee gibt zu bedenken, dass don García aus ethischer Sicht die Heirat nicht hundertprozentig verdient, weil er in gewisser Weise auch zu Hipólitas Beitreten ins Kloster und damit indirekt zum Tode ihres Ehemannes beigetragen hat: „In ethical terms, García is not entirely worthy of the reward he receives [...] he has, after all, led to the breakup of her marriage and the death of the adoring husband" (Brownlee S. 57f). Dennoch scheint diese Anmerkung, wie die meisten in Bezug auf don García, eher spekulativ und leicht zu entkräftigen zu sein.

4. Die zwieapältige Rolle Hipólitaa

Hipólitas Ambivalenz zeigt sich darin, dass sie einerseits heldenhaft ihre Ehre verteidigt (Ehrenrache an don Luis), aber andererseits ihren Ehemann listig hintergeht, um sich mit ihrem Liebhaber zu treffen (vgl. Wood). Die Frage, ob Hipólita poetische Gerechtigkeit widerfährt, ist aus diesem Grund schwierig zu beantworten; ebenso, ob sie Schuld auf sich geladen hat oder nicht. Auf der einen Seite könnte man argumentieren, dass sie für ihre ehebrecherischen Versuche mit vielen unglücklichen Zwischenfällen und der Vergewaltigung ihres Schwagers betraft wird. Jedoch muss sie für den anschließenden brüsken Mord an don Luis nicht büßen, sondern heiratet nach ihrer Zeit im Kloster ihren Retter, wird mit diesem glücklich und somit belohnt. Infolgedessen argumentiert Jennifer Wood, dass Hipólita „as both victim and victimizer" (Wood) charakterisiert werden kann:

---

38 Seiner Meinung nach war sie unschuldig: „pues estaba inocente" (NAE S. 443).
39 Jennifer Wood stellt sich auch die Frage, ob seine Heirat wirklich glücklich sein kann oder ob es eine ironische Anspielung, wie schon der Titel, ist: „When we ponder what he [García] knows about her character, however, we must wonder what kind of a marriage they will have. The conventional happy ending with marriage as the solution to a woman's problem, as well as the title itself, appears to be highly ironic" (Wood).

Hipólita is an interesting character precisely because she stands somewhere between virtue and vice. Is she one of the few bad women who are more numerous every day that the protagonist of the frame, Lisis, cites in her monologue? Is she an innocent victim of the patriarchal economy where men view women as objects of desire, valuable as measures of honor, but no longer desirable when obtained? Or does she adapt to and then manipulate the system, successfully avoiding prosecution for the murder of her husband's brother (Wood)?

4.1. Als víctima einer patriarchalen Gesellschaft

Hipólita sieht sich selbst als Opfer einer Gesellschaft, in der die Eltern ihre Töchter mit den Männern ihrer Wahl verheiraten[40]. Obwohl sie einen Ehemann besitzt, der sich liebevoll um sie sorgt, betont sie, dass sie ihn nicht liebt. Als sie don Gaspar kennenlernt glaubt sie in ihm die ‚wahre' Liebe gefunden zu haben („él me robó la voluntad, la opinión y el sosiego", NAE S. 419) und rechtfertigt damit ihre Versuche fremdzugehen („nuestros amorosos deseos", NAE S. 419)[41]. Sie fühlt sich außerdem bedrängt und missverstanden von den Männern, die nur ihre Schönheit besitzen wollen („más por la hermosura que por los bienes de la fortuna deseaban mi casamiento", NAE S. 417)[42] und daher verflucht sie diese („mi desdicha que siempre sigue a las hermosas", NAE S. 417). Hipólita sehnt sich nach jemandem, der ihre inneren Werte zu schätzen weiß: „What [she] seems to want is someone who will pay attention to her and value her, body and soul" (Wood). Die Tatsache, dass Hipólita für ihre geplante außereheliche Liaison[43] und den Mord an don Luis[44] am Ende belohnt wird[45], legt die Vermutung nahe, dass ihre Hauptmotivation, Liebe zu finden, all ihre Vergehen ausmerzt und rechtfertigt (vgl. Wood):

> A woman may be punished unjustly, while other times she may act immorally and is rewarded. A possible verdict here is that women who love others and defend themselves are not guilty, according to the case of Hipólita, who is ultimately not punished (Wood).

---

40 „Apenas llegué a los años en que florece la belleza [...] cuando ya tenían infinitos pretendientes que deseaban por medio mío, a título de mi belleza más que al de su riqueza, emparentar con ellos [...] eligieron a don Pedro [...]", NAE S. 417.
41 „[...] Hipólita, actively and willingly participates in an extramarital seduction as long as she is motivated by love. [...] Hipólita feels justified in her actions because reason was overpowered by love", Wood.
42 „Her husband, lover, and the treacherous brother are all portrayed as being motivated by desire, not love, which leads them to appreciate and to try to possess the woman's beauty" (Wood).
43 Es ist wichtig zu ergänzen, dass der Ehebruch nicht vollzogen wurde.
44 Sie tötet don Luis als Konsequenz seiner Vergewaltigung und handelt somit gemäß den Normen ihrer Zeit. Strenggenommen hätte aber ihr Mann seinen Bruder umbringen müssen.
45 Zu bemerken ist aber auch, dass sie unwillentlich verheiratet wurde, Opfer einer Vergewaltigung und von Gewalt wurde.

Der Leser lernt Hipólita aus den Augen don Garcías kennen, als sie nach don Gaspars Gewaltattacke hilflos auf die Straße geworfen wird („dio consigo un grandísimo golpe en el suelo", NAE S. 413) und ihn unter Schluchzen anfleht („en bajos sollozos", NAE S. 414), sich ihr anzunehmen. Aufgrund dieser Beschreibung erscheint Hipólita wie ein unschuldiges Opfer („la pobre dama" NAE S. 414), ein „survivor" (Brownlee S. 56), das gerechterweise gerettet wird. Nachdem sie sich an don Luis gerächt hat, vertraut sie fälschlicherweise ihrem „Lover", dem sie zum Opfer fällt: Er traktiert und bestiehlt sie. Hipólita selbst bestätigt don García bei der Ankunft in der Herberge, dass sie schuldlos ist, auch wenn sie zugibt, dass diese Ansicht nicht alle teilen:

> [...] las partes donde yo puedo ir todas son sospechosas, y sea presto antes que nos hallen y pague yo sin culpa la que pensé cometer, si bien a los ojos del vulgo me han de dar por haber restaurado mi honor, y vos el deseo que tenéis de ayudarme (NAE S. 415).

Während sich don García fürsorglich um sie kümmert, klagt sie ihm ihr Leid. So erfährt er von den missglückten Treffen, in dessen Zusammenhang, laut Jennifer Wood, die „traditional 'male-authored' language of seduction" (Wood) verwendet wird, die zur Unterdrückung der Frau beiträgt, indem sie an den biblischen Sündenfall erinnert und der Frau die Opferrolle zuweise (vgl. Wood): Das erste Treffen mit don Gaspar im Garten erinnert an den Garten Eden und den Sündenfall, der die Menschheit ins Verderben stürzte (vgl. Wood). Da dieses Treffen aber nicht stattfindet, wird diese Interpretation relativiert. Das Feuer, das während des zweiten Rendez-Vous' entfacht, könnte für das Höllenfeuer stehen (vgl. Wood), das Hipólita für einen Ehebruch erwarten dürfte. Bei dem eigentlichen, jedoch unfreiwilligen Ehebruch jagt don Pedro seinen Pferden hinterher, was ein traditionelles Symbol für die ungezügelte Leidenschaft repräsentiert (vgl. Wood).

Hipólita macht das Schicksal für den tragischen Ausgang des letzten Treffens mit don Gaspar, das zur Vergewaltigung führt, verantwortlich: „[...] no podía la fortuna quitarme el bien de gozar de mi amante, abrí el baúl, mas fue en vano porque don Gaspar estaba muerto" (NAE S. 430). Gleichzeitig scheint das Göttliche ihr beizustehen, da ihr Geliebter nur tot scheint und es ihn beim ersten Treffen von der Ermordung don Pedros abhält: „[...] el cielo que mira con más piedad las cosas permitió que a este punto, dando don Pedro vuelta en la cama [...]" (NAE S. 425). Ihre Beschreibung als „ángel" (NAE S. 415) bestätigt darüber hinaus ihre Unschuld und den Beistand des Himmels.

Weiterhin schildert sie ihren Selbstmordversuch[46], den sie in der Annahme realisierte, dass ihr Geliebter don Gaspar tot ist, von ihrer darauffolgenden Krankheit[47] und don Luis' Intrigen, die sie entäuschen[48]. Obwohl sie ihrem Schwager versichert, dass es zu keiner Ehrverletzung seines Bruders gekommen ist[49], sieht sie sich auf massive Weise von ihm bedrängt. In ihrer Verzweiflung versucht sie aufgrund ihres Mannes und des Beistands Gottes, standhaft zu bleiben und seine Annäherungsversuche abzuwehren: „Por una parte temerosa, cerrando los ojos a Dios, quería darle gusto; y por otra consideraba la ofensa que al cielo y a mi marido hacía, y de todo esto no esperaba remedio sino con la muerte" (NAE S. 436). Als ihr Ehemann unschuldig ins Gefängnis muss, gesteht sie ihre Schuld („declarándose ella por maradora de su aleve cuñado", NAE S. 443) und wäscht damit ihr Gewissen rein. Letztendlich fällt sie einer patriarchalen Gesellschaft, in der sie verheiratet wird, zum Opfer. Zayas scheint Hipólitas Leiden zu würdigen, indem sie die Novelle mit einem unerwartet glücklichen Märchenende resümiert: „[...] libre, moza y rica, y en deuda a don García [...] se casó con él [...] vive hoy con hijos que han confirmado su voluntad y extendido su generosa nobleza" (NAE S. 444).

4.2. Als luchadora um ihr Schicksal

Hipólita repräsentiert die *querelle de femmes*, weil sie einerseits dem Patriarchismus zum Opfer fällt, aber andererseits dagegen ankämpft. Erst als sie die Ungerechtigkeiten der Liebe begreift, nimmt sie ihr Schicksal in die eigene Hand (vgl. Wood). Schon als sie don García zu Beginn der Kurzgeschichte um Hilfe bittet, wird deutlich, dass nicht jeder an ihre Unschuld glaubt[50] und sie sich selbst auch mitverantwortlich sieht („una mujer causa de tantos males", NAE S. 441). Ihr ist bewusst, dass die Liaison mit don Gaspar untugendhaft ist und, wie sie bei dem Truhenzwischenfall bemerkt, bei Bekanntwerden den Tod nach sich zieht: „[...] vi que nos importaba la vida; la cual perdiéramos todos, o los más, al mismo punto que llegara a los ojos de mi marido su afrenta y mi atrevida descompostura", (NAE S. 430). Laut dem Vierten Lateranischen Konsil (1215) ist Hipólita sogar des Ehebruchs schuldig, trotz dessen,

---

46 „[...] tuve determinación de quitarme la vida con la misma daga de mi amante", NAE S. 431.
47 „[...] di en melancolizarme [...] ajena de toso gusto [...] dando conmigo en la cama de una gravísima enfermedad, que si Dios permitiera llevarme de ella, hubiera sido más dichosa [...] más de un mes me olvidé en la cama, con bien pocas esperanzas de mi vida [...]", NAE S. 433.
48 „[...] fiada en el grande amor que siempre me había tenido", NAE S. 431.
49 „[...] viéndome inocente en la culpa que me daba y aborrecida de un hombre que tanto quería , y por quien tantas veces había tenido la muerte al ojo y la espada a a la garganta", NAE S. 433.
50 Vgl. ,4.1. Als Opfer einer patriarchalen Gesellschaft'.

19

dass die geplante Affäre nie vollzogen wurde: "One need not complete the 'offense' to be guilty of the sin" (Williamsen 141). Außerdem muss sie aufgrund ihres Handelns damit rechnen, dass ihr Ruf in Verrat gerät, was schließlich auch der Fall ist: „Una mujer que ayer era la estimación de Valladolid y hoy será su escándalo y asombro" (NAE S. 416). Ironischerweise fühlt sie sich nicht schuldig und rechtfertigt ihre Taten "[i]n a style that mimics an autobiography or a confession" (Wood) vor don García (vgl. Wood). Es scheint, als ob Julían Olivares Bezeichnung Hipólitas als „una *bad girl*" (NAE S. 78) zutrifft.

Trotz des Wissens um die möglichen Konsequenzen, unternimmt sie weitere Versuche don Gaspar zu treffen, die nur durch unglückliche Zwischenfälle verhindert werden. Um sich mit ihrem Geliebten zu treffen spielt sie ihrem Mann vor, entäuscht über seine Reisen zu sein, obgleich sie sich innerlich freut[51]. Sie ergreift also Mittel der Manipulation, um ihre Pläne umzusetzen. Selbst vor *burlas* schreckt sie nicht zurück, was an der Fensterrahmenszene (vgl. NAE S. 429) deutlich wird, in der sie don Gaspars Unglück, im Rahmen steckenzubleiben, verspottet[52]. Vor dem ersten geplanten Rendez-Vous im Garten äußert sie das Bewusstsein dabei ihre Ehre zu verletzten, die sie aber auf sich nimmt[53], obwohl sie weiß, dass Liebe und Ehre nicht parallel existieren können: „[...] había de combatir mi amor y mi honor, quedando éste vencido y aquél triunfante y vencedor [...]" (NAE S. 424).

Die Aussage, welche sie nach don Luis' Einweihen in ihre geplante Affäre vorbringt, dass sie nur im Denken gesündigt habe, stimmt zwar inhaltlich, doch trotzdem muss betont werden, dass sie den Ehebruch ohne Zögern vollzogen hätte[54]. Ihre Vergewaltigung bezeichnet sie schließlich als die „mayor traición" (NAE S. 436) und rächt sich an der „maldad de don Luis" (NAE S. 439). Hipólita ist somit ein Musterbeispiel für die aktive Frau, die ihr Schicksal selbst in die Hand nimmt und damit der gebotenen Passivität ihrer Zeit trotzt. Die brutale Weise, in der sie vorgeht, demonstriert vermutlich ihren Willen, aus der Rolle der Unterdrückten auszubrechen. Don Luis stirbt bereits durch den ersten Dolchstoß, was sie nicht davon abhält, seinen Körper weiter zu malträtieren:

---

51 „Aceptó don Pedro la viaje, y yo, aunque me alegré sumamente fingí desabrimiento [...]", NAE S. 423.
52 „[...] mi criada [...] me dio cuenta del suceso (que os doy mi palabra, señor don García, que fue tanta mi risa que casi no podía oírlo), ayudándome mi secretaria a solemnizar la burla", NAE S. 429.
53 „[...] cuánto más subía mi amor, bajaba mi honor y daba pasos atrás", NAE S. 419.
54 Nicht zu vergessen die körperlichen Kontakte zwischen don Gaspar und Hipólita, die unter Punkt 3.1. ‚Der *galán* don Gaspar' angesprochen wurden.

[...] pensando el modo de mi venganza [...] tomando su daga [...] apuntándole el corazón de la primera herida dio el alma [...] y luego, tras esto, le di otras cinco o seis puñaladas, con tanta rabia y crueldad como si con cada una le hubiera de quitar la infame vida (NAE S. 439).

Ihre zunächst klandestine Rache an einem geheimen Ehebruch kommt zum Vorschein, als Hipólita sich stellt. Das Gericht bestätigt sie in der Wiederherstellung ihrer Ehre[55] und damit in ihrem moralischen Empfinden, welches dazu führte. In diesem Falle nutzt ihr ihre Schönheit, die auch zur Freisprechung, einer aus heutiger Sicht Schuldigen, führt (vgl. NAE S. 443). In diesem Sinne verteidigt die patriarchale Gesellschaft, überraschenderweise, eine Frau und wird somit ironisiert. Obwohl sogar don Pedro ihr vergeben hat, möchte sie nicht zu ihm zurückkehren „[...] diciendo que honor con sospecha no podía criar perfecto amor ni conformes casados [...]" (NAE S. 443). Hipólita möchte offensichtlich nicht in eine unglückliche Ehe zurückkehren, der sie geschadet hat (vgl. Wood). Nachdem don Miguel mit seiner *maravilla* geendet hat, bemerkt don Lope, der Erzähler der darauffolgenden Novelle „El imposible vencido", dass in der gegenwärtigen Zeit „un hijo de los heroes de ella" (NAE S. 445) in Salamanca lebt. Damit verdeutlicht er, dass er, wie don García, alle Handlungen Hipólitas als gut und richtig bewertet. Nicht nur habe sie ihr glückliches Ende verdient, sie diene sogar als Vorbild für ihre Nachwelt. Die Tatsache, dass er ebenso wie der männliche Erzähler, den Titel der Novelle offenbar nicht in Frage stellt, sondern bestätigt, erscheint zutiefst ironisch.

5. Zuaammenfaaaung: Eine Inveraion der Geachlechterrollen

Die vorhergehende Analyse hat gezeigt, dass in *Al fin se paga todo* mit zweierlei Maß gemessen wird. Dies wird dem aufmerksamen Leser bereits bei der Wiederholung des Titels deutlich, der, aus der Sicht der Gleichberechtigung der Geschlechter, nicht hält was er verspricht. Die *moralidad ejemplar* von Don Miguels Erzählung bleibt im Dunkeln, da der moralisierende Titel nicht viel mit dem Inhalt gemein zu haben scheint (vgl. Felten 1978 S. 96) Die Novelle stellt nicht nur die Frage, ob die dargestellten Schicksale gerechtfertigt sind, sondern auch die im wahren Leben. Amy Williamsen argumentiert, dass es zwei Arten von Lesern gibt: Die einen identifizieren sich mit der literarischen Bedeutung, die anderen mit der ironischen (vgl. S. 138). Falls man *Al fin se paga todo* ironisch liest, was eher bei den Frauen

---

55 „[...] justamente se había vengado doña Hipólita, la perdonó y dio por libre [...]", NAE S. 443. Eine mögliche Erklärung ist der Ehrenkodex, nach dem die Ehre nur durch Blutvergießen wiederhergestellt werden kann (vgl. Williamsen S. 138f).

der Fall ist, ergibt sich ein klarer pro-femininer Unterton, der aufgrund des männlichen Erzählers umso überdrehter wirkt, obgleich Zayas letztendlich durch Don Miguel spricht (vgl. Wood).

Am Beispiel der poetischen Gerechtigkeit wird deutlich, dass Zayas Vorstellung von der traditionellen[56] abweicht, da nur die Männer ihre ‚gerechte' Strafe zu bekommen scheinen (vgl. Williamsen S. 142): Don Luis, als klassischer Fall der Ehrenrache für die Vergewaltigung Hipólitas, wird umgehend mit dem Tod bestraft. Ihm wird folglich keine Gelegenheit geboten, sich reumütig zu zeigen oder sich dem Gericht zu stellen. Ebenso wird Don Gaspar für seine zahlreichen Vergehen streng ins Gericht genommen. Sein Diener tötet ihn und wird dafür selbst gehängt, also eine Strafe ganz im Sinne von *Al fin se paga todo*. Jedoch erfahren nicht alle männlichen Charaktere poetische Gerechtigkeit: Don Pedro bekommt keine Chance seiner Pflicht nachzukommen, die, gemäß des Ehrenkodexes, darin bestanden hätte, seinen Bruder zu eliminieren. Stattdessen wird er ausgenutzt, falsch beschuldigt, belogen und betrogen. Weiterhin wird er für sein tugendhaftes Handeln an keiner Stelle belohnt, sondern stattdessen mit einem harten Schicksal bestraft.

Die Protagonistin hingegen wird im Laufe der Erzählung mild bestraft und letztendlich belohnt. Insgesamt leiden über 30 weibliche Charaktere in Zayas' Novellen unter der Hand der Männer[57]. Einzig Hipólita und Aminta, die Protagonistin Zayas' zweiter Novelle, kehren die damalige Gesellschaftsordnung um, indem sie selbst aktiv werden und sich an ihren Peinigern rächen (vgl. Vollendorf S. 94). Damit invertieren sie „the paradigm of male-authored violence" (Vollendorf S. 94). Tatsächlich hat Hipólita mit ihren außerehelichen Aktivitäten die Inversion initiiert und damit den Tod ihres Schwagers, Mannes und „Lovers" mitverursacht. Indem sie die Wiederherstellung ihrer Ehre selbst in die Hand nimmt, überschreitet sie die patriarchalen Grenzen, die die Ehrenrache den Männern vorbehält (vgl. Wood)[58]. Mit Hipólita hat Zayas eine Figur geschaffen, die nicht eindeutig dem Guten oder dem Bösen zugeordnet werden kann, sondern ihre Stärken und Schwächen hat. Folglich besteht eine der Leistungen Zayas'

---

56 Siehe Punkt 2 ‚Poetische Gerechtigkeit'.
57 Vgl. Vollendorf, Lisa, "Our Bodies, our Selves: Vengeance in the Novellas of María de Zayas", in *Cincinnati Romance Review* 16 (1997), S. 94.
58 „Die Konstellation aus Ironie und Gesetz, die den Ehrenkodex und die Gesetzesordnung aufrechterhält, indem sie sie bricht, bekundet das, was man den Konservatismus der María de Zayas genannt hat [...]": Neuschäffer, Hans-Jörg, *Spanische Literaturgeschichte*, 2. erw. Aufl., J.B. Metzler, Stuttgart, 2001, S. 97.

darin, eine reale Frau darzustellen[59]. Die Tatsache, dass Hipólita trotz ihrer zweifelhaften Rolle letztendlich belohnt wird, erschüttern laut Amy Williamsen die Grundfeste des Patriarchismus (vgl. S. 142). Ihr Sieg vor Gericht befürwortet ihre "portrayal of feminine violence as a legitimate means through which women may protect and avenge their honor in order to gain agency in a system which continually figures them as victims" (Vollendorf 95). Hipólitas Herausbrechen aus der Opferrolle wird auch anhand ihrer zweiten Eheschließung deutlich. Sie erbt den Wohlstand ihres ersten Mannes und bringt somit das Vermögen mit in die Ehe. Außerdem wählt sie erstmals ihren Ehepartner selbst aus. Dadurch sichert sie sich "some form of domination" (Wood). Statt des tragischen Endes ihrer ersten auferzwungenen Ehe wird sie mit Kindern und einem märchenhaften Happy End gesegnet.

Es scheint, als ob Zayas die arrangierte Heirat und das fragwürdige Ehrensystem kritisieren möchte. Dabei gibt sie indirekt zu verstehen, dass Gesellschaften, in denen die Frauen eine Stimme und eine Wahl haben, erfolgreicher sind. Letzendlich kann *Al fin se paga* als eine Antwort auf die damalige patriarchale Gesellschaftssituation angesehen werden, „as a natural reaction to a cultural crisis" (Wood), indem es die inferiore Rolle der Frau in den verschiedensten Bereichen hinterfragt und herausfordert: „[…] con una serie de argumentos que deconstruyen en la supuesta inferioridad del sexo femenino en todos los diferentes discursos - sean científicos, filosóficos o teológicos"[60].

---

59 "El hecho de que una mujer adúltera salga premiada parece más realista, y más acceptable, que un destino y resolución determinados, en este caso, por una convención de la justicia poética que no lo es", NAE S. 78.
60 Thiemann, Susanne, „Examen de desengañadores. Las novelas de María de Zayas y Sotomayor y las teorías de Huarte de San Juan", in: *Escenas de transgresión: María de Zayas en su contexto literario-cultural*, Hrsg. Irene Albers, Uta Felten und Hans Ulrich Gumbrecht, Madrid/Frankfurt am Main, 2009, S. 122.

6. Literaturverzeichnia

Primärliteratur:
De Zayas y Sotomayor, María, "Novelas amorosas y ejemplares", in: ebd., Hg. Julían
Olivares, Cátedra, Madrid 2010.

Sekundärliteratur:
Brownlee, Marina S., *The Cultural Labyrinth of María de Zayas*, University of Pennsylvania
Press, Philadelphia, 2000, S. 52-59.

Cocozzella, Peter, "Writer of the Baroque 'Novela ejemplar.' María de Zayas," *Women
Writers of the Seventeenth Century*, Ed. Katharina Wilson and Frank Warnke, Athens: U of
Georgia P, 1989, S. 189-227.

Felten, Hans, "María de Zayas y Sotomayor," *Siete siglos de autores españoles*, Problemata
literaria 7., Reichenberger, Kassel, 1991, S. 169–70.

Felten, Hans, *María de Zayas y Sotomayor - Zum Zusammenhang zwischen moralischen
Texten und Novellenliteratur*, Vittoria Klostermann GmbH, Frankfurt am Main, 1978.

Neuschäffer, Hans-Jörg, *Spanische Literaturgeschichte*, 2. erw. Aufl., J.B. Metzler, Stuttgart,
2001.

Segebrecht, Wulf, „Gerhardt Hauptmann und die ‚Poetische Gerechtigkeit'", in: *Grenzfrevel -
Rechtskultur und literarische Kultur*, Hrsg. Hans-Albrecht Koch, Gabriella Rovagnati und
Bern H. Oppermann, Bouvier, 1998, S. 68-79.

Thiemann, Susanne, „Examen de desengañadores. Las novelas de María de Zayas y
Sotomayor y las teorías de Huarte de San Juan", in: *Escenas de transgresión: María de Zayas
en su contexto literario-cultural*, Hrsg. Irene Albers, Uta Felten und Hans Ulrich Gumbrecht,
Madrid/Frankfurt am Main, 2009, S. 109-135.

Vollendorf, Lisa, "Our Bodies, our Selves: Vengeance in the Novellas of María de Zayas", in
Cincinnati Romance Review 16 (1997), S. 93-100.

Williamsen, Amy R., "Challenging the Code: Honor in María de Zayas", in: *María de Zayas-
The Dynamics of Discourse*, Hrsg. A.R. Williamsen und Judith A. Whitenack, Fairleigh
University Press, Madison, 1995, S. 133-151.

Wood, Jennifer, *Al fin se paga todo: An Ironic Example of Zayas's Sense of Justice*, Indiana
University, Web. 1. Juni 2012, <http://tell.fll.purdue.edu/RLA-Archive/1995/Spanish-
html/Wood,Jennifer.htm>.

Zach, Wolfgang, *Poetic Justice*, Max Niemeyer Verlag, Tübingen, 1986.

Lightning Source UK Ltd.
Milton Keynes UK
UKHW010717190919
350075UK00002B/332/P

9 783656 881674